U0803780

中国传统文化中的趣味数学

（小学三年级）

总 主 编　郑良栋　郑紫烟　赵　静
本册主编　于洪敏　张雅慧　郑良栋

電子工業出版社
Publishing House of Electronics Industry
北京 · BEIJING

未经许可，不得以任何方式复制或抄袭本书之部分或全部内容。
版权所有，侵权必究。

图书在版编目（CIP）数据

中国传统文化中的趣味数学. 小学三年级 / 郑良栋, 郑紫烟, 赵静总主编 ; 于洪敏, 张雅慧, 郑良栋主编. 北京 : 电子工业出版社, 2024. 6. -- ISBN 978-7-121-48098-0

Ⅰ. G624.503

中国国家版本馆CIP数据核字第2024B8X993号

责任编辑：张贵芹
印　　刷：北京宝隆世纪印刷有限公司
装　　订：北京宝隆世纪印刷有限公司
出版发行：电子工业出版社
　　　　　北京市海淀区万寿路 173 信箱　　邮编：100036
开　　本：720×1000　1/16　印张：6　　字数：96 千字
版　　次：2024 年 6 月第 1 版
印　　次：2024 年 6 月第 1 次印刷
定　　价：39.80 元

凡所购买电子工业出版社图书有缺损问题，请向购买书店调换。若书店售缺，请与本社发行部联系，联系及邮购电话：（010）88254888，88258888。

质量投诉请发邮件至 zlts@phei.com.cn，盗版侵权举报请发邮件至 dbqq@phei.com.cn。

本书咨询联系方式：yanghan@phei.com.cn。

前　言

中国传统文化源远流长，渗透于当代社会的各个领域。21 世纪，社会的发展需要国际化及个性化的人才，培养具有传统文化思想的个性化人才是我国教育事业提出的更高要求。

本套丛书是在北京师范大学教育学博士郑良栋，清华附中郑州学校的郑紫烟、赵静组织下，由清华附中郑州学校的于洪敏、冯煜涵、邵梦真、赵丹华、张雅慧，以及淄博高新区第一小学曹永等编写的。

在前期调研中，我们发现：一是系统整合中国传统文化的数学阅读读物较少；二是现有的数学阅读读物模块内容划分不够清晰；三是许多数学阅读文章内容与对应数学教材的知识点联系不够紧密。针对这些问题，我们深入研究了《义务教育数学课程标准（2022 版）》，并分析了各版本教材（以人民教育出版社出版的教材为主）的特点。在此基础上，我们最终编写了这套丛书。

在编写过程中，我们力求将数学知识点与中国优秀传统文化紧密结合，按照教材中章节的安排，在本书中划分出清晰的模块，便于小读者阅读。另外，根据《义务教育数学课程标准（2022 版）》的要求，本书在中国传统文化内容设计方面反映了数学在自然与社会中的应用，展现了数学发展史中伟大数学家的成果，特别是中国古代与近现代著名数学家，以及他们的数学成果在人类文明发展过程中的作用，以增强小读者的爱国情怀和民族自豪感。

我们希望本套丛书不仅能够激发小读者学习数学的兴趣，提高其应用数学知识解决问题的能力，了解中国优秀传统文化，还能够帮助小读者树立正确的价值观念、人生态度，以健全人格。

编 者

夏去秋来，新的学年开始了，走进新学期，聪聪与明明相约一起去探索传统文化中的数学秘密。这段旅程中，他们又会发生什么有趣的故事？会与智慧爷爷擦出怎样的火花？又会有什么收获？让我们一起走进他们的世界吧。

目　录

教学楼

第一节　时间的秘密

在数学课上学习完时、分、秒后，老师提的一个问题引起了聪聪、明明的好奇心：我们现在有秒表、怀表、手表、智能手机等计时工具，你们知道古代是用什么来计时的吗？

为了寻找答案，聪聪与明明计划一起去拜访智慧爷爷，一探究竟。

知识宝库

钟表是现代生活中用来表示时间的工具，在钟面上，有 12 个数字，对应 12 个大格，每个大格又被分成 5 个小格，一共有

60 个小格，钟面上有 3 根表针，分别是时针、分针和秒针。

时针：又粗又短，走得最慢，时针走1大格是1时；走一圈走了12大格，是12时。

分针：走1小格是1分；走1大格是5分；走一圈走了12大格，是60分，此时，时针正好走了1大格，即1时＝60分。

秒针：最长，走得最快。秒针走1小格是1秒；走1大格是5秒；走一圈走了12大格，是60秒，此时，分针正好走了1小格，即1分＝60秒。

明明　智慧爷爷，早上好，我们在课堂上学习了时、分、秒后，很好奇古人是怎么计时的，希望您能帮帮我们。

聪聪　是呀，智慧爷爷。说到计时，我阅读了一些古人计时的方法，但是有一些看不明白，您能帮帮我吗？

智慧爷爷　聪聪，你都知道哪些方法？

聪聪　我了解到太阳是人们最早使用的计时工具，人们日出而作，日落而息，以太阳的升起和降落来判断时间。

智慧爷爷　聪聪很聪明。实际上，当时人们是无法精确计量时间的，只能凭借一些时间现象来感受时间的流逝，如刚才聪聪说的依靠太阳的升落判断时间。当然人们还会以春夏秋冬四季循环记录一年，根据月亮的周期来定月份，月亮从新月变成满月，再从满月变成新月，期间经历的时间就叫一个月，以此人们定义了月历（我国古代又把月亮叫太阴，所以便把月历称为阴历）。那时，人们就有一定的时间观念了。现在我们见到的一些词语，如太阳出山、月挂树梢等都体现了模糊概念下的计时。

明明 哇，古人好聪明啊，竟然知道利用太阳、月亮计时，那古人是什么时候开始精确计时的呢？

智慧爷爷 在回答这个问题之前，我先提一个问题，当有太阳的时候，你们发现同一个物体在不同的时间，它的影子有什么变化吗？

聪聪 我知道，影子的长短会发生变化，太阳的高度决定了影子的长短，早晨的影子最长，随着时间的推移，影子逐渐变短，一过中午影子又重新变长了。而且，影子的方向也在变化，早晨影子在西方，中午影子在北方，傍晚影子在东方。

智慧爷爷 聪聪说得很好。我国古人也发现了这些关于影子的变化规律，利用这些规律，人们发明了日晷，用日晷记录时间。我曾经给你们介绍过日晷，大家再一起温习一下吧。

温故而知新

日晷

太阳的移动使晷针在晷面上投射出影子，影子的位置对应晷面上的刻度，分子、丑、寅、卯、辰、巳、午、未、申、酉、戌、亥十二个时辰，人们可以根据影子的相应位置来确定当时的时辰。

早期的日晷非常简单，一竹竿、一方地足矣。竿影为表针，大地则为表盘，这就是日晷的雏形，也被称为地平式日晷，这种日晷的晷面与大地平面平行。

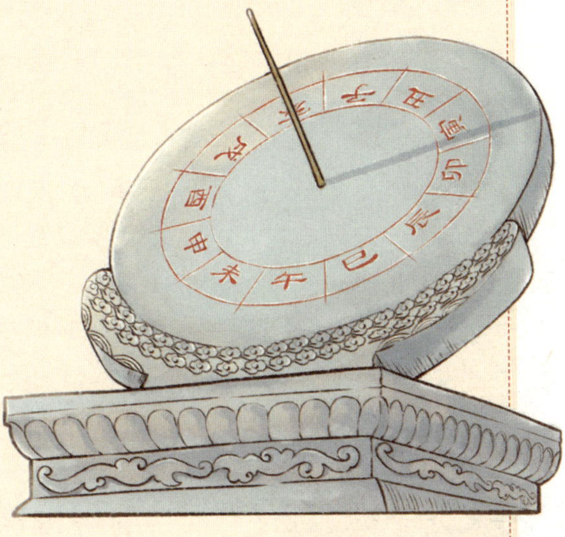

但人们发现地平式日晷晷针的影子长度随着四季寒暑总在变化，并不利于读取准确时间，于是人们发明了赤道式日晷。这种日晷的晷面与赤道平面平行，晷针一端指向北天极，也就是北极星附近的位置，另一端指向南天极。这样，晷针的影子长度不随季节而改变，有利于人们读取准确时间。

明明　古人真聪明，智慧爷爷，我还有一个问题，既然日晷是根据太阳照射物体的影子而发明的，那阴天和晚上怎么看时间呢？

智慧爷爷 明明很善于思考。日晷的优点是它不仅能显示一天之内的时间，还能显示节气，但缺点是笨重，不便于携带，而且就像明明说的，在阴天和晚上没有阳光的时候它就不起作用了，为了解决这个问题，人们发明了滴漏来记录时间。

传统文化宝库

滴漏

在远古时期，敢于创造的人不断观察岩洞中水落滴石的现象。相传，黄帝的一位臣子计时发现岩洞中水落滴石有一定的节奏，于是便用一容器储水，在容器下面开一小孔，让水滴下，寻找其中的规律。他以漏滴三次为一秒，以漏滴一百八十次为一分，以漏滴一万零八百次为一时，以漏滴二万一千六百次为一个时辰，得到每日有十二个时辰。后来，计时锲而不舍地钻研，终于成功发明了滴漏。滴漏是最早的计时器，能非常准确地记录秒、分、时、时辰等。这彻底打破了古人日出而作、日落而息模糊做事的概念，终于可以精确到每秒、每分、每时了。

后来，人们发明了各种滴漏，对时间的记录也越来越精确了。

小时计时的来历

小朋友，我们现在几乎每天都与小时打交道，你知道小时的来历吗？古时候，人们根据天文历法的演算，把一昼夜分为十二个时辰。如果和今天的二十四个小时相对照的话，那么半夜十一时到次日一时就是子时，一时到三时是丑时，三时到五时是寅时，以此类推。很明显，古代的一个时辰其实相当于现在的两个小时，而不是一个时辰对应一个小时。钟表刚刚传入中国时，就有人把一个时辰叫作“大时”，一个钟点叫作“小时”。后来，随着钟表的普及，“大时”一词消失了，而“小时”却沿用至今。

聪聪　太神奇了，古人真善于发现，能够从水滴的规律中发现时间的秘密。

智慧爷爷　对的，很多东西的发明都是人们通过观察日常见到的现象，并总结出规律后而创造出来的，你们也要养成善于观察的好习惯。

明明　是的，日晷也是古人通过观察太阳照射物体在不同时间显示的影子长短不同而发明的，以后我要在生活中仔细观察，说不定我也会发明新东西呢。

智慧爷爷　现在你们了解了滴漏计时工具，智慧爷爷要考考你们了，滴漏漏滴 1620 次，经过了多长时间呢？

明明 漏滴 3 次是 1 秒，漏滴 1620 次是……好吧，我算不过来了。

聪聪 漏滴 3 次是 1 秒，漏滴 1620 次是 540 秒，1 分有 60 秒，那么 540 秒是 9 分，所以漏滴 1620 次是 9 分。

智慧爷爷 非常棒！

明明 看来我的口算能力还需要提高，以后我得加强口算与心算训练了。很开心今天学到了许多与计时相关的知识，谢谢智慧爷爷。

小试牛刀

1. 我会读，我会写。

8:05 ______ ______ ______

8 时 5 分 ______ ______ ______

2. 我会算。

（1）85 秒 =（　　）分（　　）秒；

（2）90 分 =（　　）时（　　）分；

（3）5 分 20 秒 =（　　）秒；

（4）3 时 15 分 =（　　）分。

3. 我会想。

每天放学，聪聪都会进行口算练习，以提高自己的计算能力。这天，聪聪在计算前有这样的疑惑：我做 1 道口算题平均用时 2 秒，这一页一共有 58 道口算题，2 分钟内能完成吗？

第二节　计算工具的秘密

数学课上了解了不同的计算工具后，聪聪和明明非常佩服数学家们的伟大智慧。

聪聪　古代的数学家们太聪明了吧！他们是怎么发明出这么方便又神奇的计算工具的呢？

明明　是啊，算筹、算盘……这些发明太神奇了！

聪聪　明明，我们刚刚了解了一些神奇的计算工具，除了这些，还有没有其他的计算工具呢？

明明　中华文明上下五千年呢！一定还有，要不我们去找智慧爷爷吧，他一定知道！

聪聪　对！智慧爷爷一定知道，我们快走！

聪聪和明明来到了智慧博物馆寻求智慧爷爷的帮助，他们在计数馆中发现了一些“宝贝”……

明明 聪聪，这本古老的竹简上竟然有一些数字，快看，三十……

聪聪 这就是战国竹简——算表吧！我在书上看到过！但只了解一点，智慧爷爷，您给我们讲讲算表，好吗？

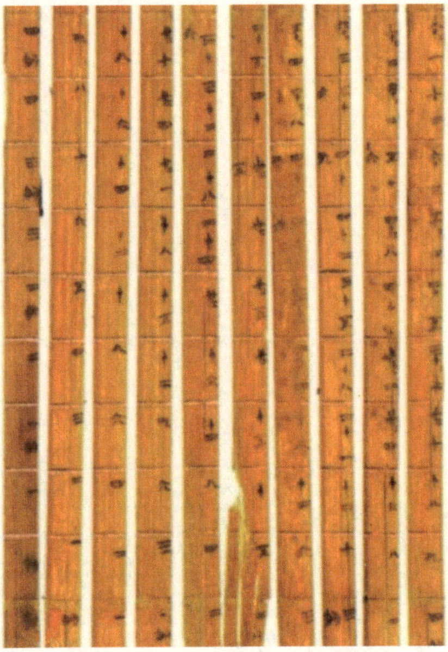

智慧爷爷 聪聪能知道算表，已经很不错了，大部分人都没有听说过算表。现在让我们穿越时空，去了解一下这项了不起的发明吧。

传统文化宝库

算 表

算表发现于清华简，距今约有 2000 年的历史了！算表可利用乘法交换律原理，快速计算 100 以内两个任意整数的乘积及包含特殊分数“半”的两位数乘法，它被众多数学史专家认为是中国发现的最早的实用计算工具。

算表可以通过丝线交叉、运用交换律的方法将两位数乘法转换为四个交叉点数字相加，实现快捷运算。

案例：用算表计算“22 乘 35”

第一步：将 22 分为 2 和 20，将 35 分为 30 和 5。

第二步：在算表第 1 行找到 2 和 20，在算表最后 1 列找到 30 和 5。

第三步：分别在算表中找到 2 和 30、2 和 5、20 和 30、20 和 5 的交叉点，它们对应的数字分别为 60、10、600、100。

第四步：将 4 个对应数字相加（60+10+600+100），所得和为 770，即 22 乘 35 的积。

$\frac{1}{2}$	1	2	3	4	5	6	7	8	9	10	20	30	40	50	60	70	80	90	
45	90	180	270	360	450	540	630	720	810	900	1800	2700	3600	4500	5400	6300	7200	8100	90
40	80	160	240	320	400	480	560	640	720	800	1600	2400	3200	4000	4800	5600	6400	7200	80
35	70	140	210	280	350	420	490	560	630	700	1400	2100	2800	3500	4200	4900	5600	6300	70
30	60	120	180	240	300	360	420	480	540	600	1200	1800	2400	3000	3600	4200	4800	5400	60
25	50	100	150	200	250	300	350	400	450	500	1000	1500	2000	2500	3000	3500	4000	4500	50
20	40	80	120	160	200	240	280	320	360	400	800	1200	1600	2000	2400	2800	3200	3600	40
15	30	60	90	120	150	180	210	240	270	300	600	900	1200	1500	1800	2100	2400	2700	30
10	20	40	60	80	100	120	140	160	180	200	400	600	800	1000	1200	1400	1600	1800	20
5	10	20	30	40	50	60	70	80	90	100	200	300	400	500	600	700	800	900	10
4.5	9	18	27	36	45	54	63	72	81	90	180	270	360	450	540	630	720	810	9
4	8	16	24	32	40	48	56	64	72	80	160	240	320	400	480	560	640	720	8
3.5	7	14	21	28	35	42	49	56	63	70	140	210	280	350	420	490	560	630	7
3	6	12	18	24	30	36	42	48	54	60	120	180	240	300	360	420	480	540	6
2.5	5	10	15	20	25	30	35	40	45	50	100	150	200	250	300	350	400	450	5
2	4	8	12	16	20	24	28	32	36	40	80	120	160	200	240	280	320	360	4
1.5	3	6	9	12	15	18	21	24	27	30	60	90	120	150	180	210	240	270	3
1	2	4	6	8	10	12	14	16	18	20	40	60	80	100	120	140	160	180	2
0.5	1	2	3	4	5	6	7	8	9	10	20	30	40	50	60	70	80	90	1
0.25	0.5	1	1.5	2	2.5	3	3.5	4	4.5	5	10	15	20	25	30	35	40	45	$\frac{1}{2}$

算表是中国最早的数学文献实物，填补了先秦数学文献的空白，不仅比能见到的古代十进制乘法表年代早，而且其数学

计算功能也超过了古代其他乘法表，在当时是相当先进的，是中国数学史乃至世界数学史上的一项重大发现。算表是首次展现战国时期计算技术的原始文献，为证明春秋战国时期数学已经相当发达提供了直接证据。

明明 我国古人就是聪明，那个时候竟然就会使用工具来进行计算了！

智慧爷爷 是的！算表的发现引起了数学界的极大重视。前国际数学史学会主席道本周教授指出：“这一发现意义非凡，它是世界上最早的十进制乘法表实物。”

明明 这里还有一个算盘！

聪聪 我们在课堂上了解过，算盘也是中国人发明的计算工具。

明明 对，我看电视剧里很多人在算账的时候都会打算盘。

智慧爷爷 不错，算盘也有非常悠久的历史，它是一种手动操作计算的辅助工具，在阿拉伯数字出现前，算盘是世界上广为使用的计算工具。现在，算盘在亚洲和中东的部分地区仍在使用，尤其是在商店中。

明明　我家也有算盘，通过学习，我也会用算盘来进行简单的计算，确实很方便！

温故而知新

算盘

算盘是中国传统的计算工具，是由早在春秋时期便已被普遍使用的算筹逐渐演变来的，它不但是中国古人的一项重要发明，而且是在阿拉伯数字出现之前被人们广为使用的一种计算工具。中国是算盘的故乡，在计算机已被普遍使用的今天，古老的算盘不仅没有被废弃，反而因它的灵便、准确等优点依然受到许多人的青睐。

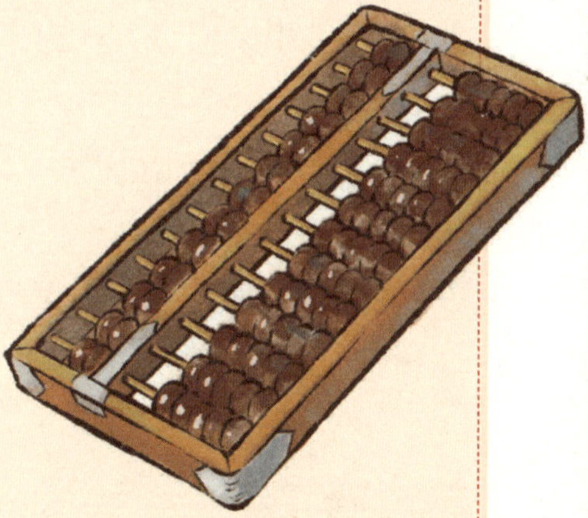

算盘的形状为长方形，周边为框，内贯直柱，俗称“档”。档中横有梁，梁上两珠，每珠作数五，梁下五珠，每珠作数一，计算时定位后拨珠，可以做加减乘除等计算。

尽管已经进入了电子计算机时代，但看一看古老的中国算盘，我们不得不钦佩祖先的智慧。

聪聪 古人竟然发明了这么多计算工具！

智慧爷爷 算盘在世界范围内的广泛应用，对人类的计算和数学发展产生了重要影响。随着现代计算机的出现和普及，传统的算盘逐渐被电子计算机取代。然而，作为一种文化和历史遗产，在一些地方，算盘仍然得到一定程度的使用和认可。

世界第一台通用计算机 ENIAC

现在，运算速度最快的计算工具是计算机，其使用范围也最广，世界第一台通用计算机为 ENIAC，ENIAC 计算机的研制是为了进行火炮的弹道计算。利用计算机的运算速度高、存储容量大的特点和连续运算的能力，可以解决人工无法完成的问题。

ENIAC 诞生于 1946 年 2 月 14 日的美国宾夕法尼亚大学，并于次日正式对外公布。它每秒可计算 5000 次加法或 400 次乘法，是使用继电器运转的机电式计算机计算的 1000 倍、手工计算的 20 万倍。

聪聪、明明 今天我们不仅了解了古人是如何进行计算的，还通过世界上第一台通用计算机感受到了科技的力量！科技的发展真的大大方便了我们的生活，现在的计算机一定更厉害！

小试牛刀

1. 我要学。

试着学一学算盘的计算方法。

2. 我要算。

用算盘计算 6+6。

第三节　度量衡

瞧！学习了与测量相关的内容后，聪聪和明明非常开心，他们在回家的路上，记录着看到的质量单位、长度单位，正当开心之时，一个问题涌上明明的心头："这些测量单位古代就有吗？古代计量物体质量、长度或宽度的方法和现在一样吗？"为了寻找答案，聪聪和明明计划去智慧博物馆拜访智慧爷爷，一探究竟……

明明　智慧爷爷，您好，今天我们在课堂上学习了很多有用的单位，有质量单位、长度单位，我和聪聪很好奇这些单位在古代就有吗？古代计量物体质量、长度或宽度的方法和现在一样吗？您能帮帮我们吗？

知识宝库

长度单位与质量单位

1. 长度单位的认识

当测量的长度不是整厘米（cm）数时，可以用毫米（mm）作单位，直尺中 1 厘米之间的每一个小格的长度都是 1 毫米；分米（dm）是一个比厘米大、比米（m）小的长度单位。

1 米 =10 分米　1 分米 =10 厘米　1 厘米 =10 毫米

当计量比较长的路程或距离时，常用千米（km）作单位。

1 千米 =1000 米

2. 质量单位的认识

计量较重物体的质量，通常用吨（t）作单位；计量一般物体的质量通常用千克（kg）作单位；计量较轻物体的质量通常用克（g）作单位。

1 吨 =1000 千克　1 千克 =1000 克

聪聪　是呀，智慧爷爷，您知识渊博，就帮帮我们吧。说到单位，我听过一个词语叫“度量衡”，它是什么意思呢？

智慧爷爷　你们真是爱思考、爱探究的孩子啊，我就给你们讲讲度量衡的故事吧。

传统文化宝库

度量衡

人们以物换物的时候，为了保证公平，逐渐意识到了计量的必要性，但由于工具、技术的局限，人们并没有统一的计量工具和计量单位，我们所说的“度量衡”就是对生活中用于计量物体长短、容积、轻重的标准的统称。“度量衡”大约是从原始社会末期开始发展的，而且在不同地域、国家，计量标准也存在差异。

度：计量长短的标准工具称为度；

量：计量容积的标准工具称为量；

衡：计量轻重的标准工具称为衡。

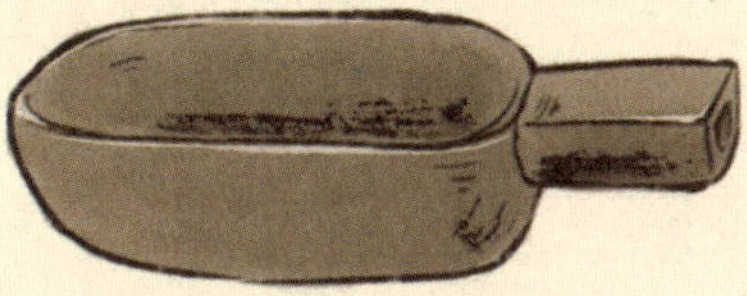

古人在计量长度时，会用到身体的某个部位或者某个动作作为依据，如一庹、一步。古时候，由于各国“度量衡”不同，各国之间的商业交流有很多麻烦。比如，战国时期，在齐国计量的 2 斤大米，在楚国的计量标准下可能变成 1 斤，这就是由于两国对“衡”的统计方式不同而造成的。

公元前 221 年，秦始皇统一六国后，以原来秦国的“度量衡”为基础，向全国颁布新的、统一的“度量衡”制度和标准器。

随着“度量衡”的不断发展，我国逐渐形成了完整的“度量衡”制度。其中，长度单位有丈、尺、寸、分，它们之间的进率都是十，和现在的米、分米、厘米、毫米之间的进率是一样的。

1丈=10尺　1尺=10寸　1寸=10分

“度量衡”的统一，在构筑中华民族共同体这个伟大的历史过程中起到了重要的作用。

容积

容积指水杯、箱子、油桶、碗等物品所能容纳的物体的体积。计量液体的体积，如水、油等，常用容积单位升（L）和毫升（mL）。

聪聪　哇，没想到“度量衡”的发展经过了这么漫长的时间，这是古人智慧的结晶。明明，听了智慧爷爷的讲解，我想考考你，你知道1寸、1尺、1丈大约是多长吗？

明明　这……我知道1寸约等于3.33厘米，大约是三个手指的宽度，1尺是……这真是难住我了。

聪聪 1 尺约等于 3.33 分米，1 丈约等于 3.33 米。

找一找

你能找到生活中长度分别是 1 寸、1 尺、1 丈的物品吗？

智慧爷爷 了解了“度量衡”的有关知识，你们还知道哪些与计量相关的知识吗？

聪聪 我知道，古时候有个孩子叫曹冲，他爱思考，在他身上发生过一个有趣的计量故事，叫曹冲称象。

传统文化宝库

曹冲称象

古时候有个小孩叫曹冲，他的父亲是曹操。有一次，吴国的孙权送给曹操一头大象，曹操带领着文武大臣和小儿子曹冲一起去看，大象又高又大，一条腿就像大殿的柱子一样粗。曹操对大家说：“这只大象真大，它到底有多重？你们谁有办法称一称它？”这时，大臣们纷纷议论：“造一杆大秤吧，但是要造多大的秤啊？”正当大家一筹莫展之时，曹冲站出来说：“我有个好办法。”曹操很是欣慰，便让小儿子说说自己的方法，并命令士兵准备在河边称象。

原来曹冲的方法是这样的：在河里准备一艘船，将大象牵引到船上，等船身稳定了，在船舷与水面齐平的地方画一条横线。把大象牵到岸上来，再把大大小小的石头往船上装，船身就会慢

慢往下沉，等船身沉到刚才画的那条横线和水面齐平了，就停止装石头，最后只要把船里的石头都称一下，把石头的质量加起来就得到大象的质量了。

明明 这个方法太巧妙了。原来，在计量的时候，用转化的方法会让计量变得简单。谢谢聪聪，我又学到了一个有用的知识。

曹冲称象的原理

曹冲称象利用的是物理原理——阿基米德原理。这是一种“等量替换法”，用许多石头代替大象，在船舷上画横线，让大象与石头产生等量的效果，再计算出石头的质量和，就是大象的质量。

小试牛刀

1. 我会填（选择米、分米、厘米、毫米等长度单位填写）。

（1）小朋友的食指宽 8（ ）；（2）一幢楼房高 18（ ）；

（3）一块橡皮长约 5（ ）；（4）一根黄瓜大约长 2（ ）；

（5）铅笔长 18（ ）；（6）一棵大树高 3（ ）；

（7）课桌高 65（ ）；（8）10 张纸厚 1（ ）。

2. 我会算。

（1）9 厘米 =（ ）毫米；（2）40 分米 =（ ）米；

（3）70 厘米 =（　）分米；（4）80 毫米 =（　）厘米；

（5）2 千米 =（　）米；（6）9 米 =（　）厘米。

3. 我会想。

放学后，聪聪每分钟走 30 米，8 分钟就能从学校走到智慧爷爷的智慧博物馆了。这天放学后，聪聪走了 3 分钟，发现水杯忘在学校了，就回学校取水杯，取到水杯后，聪聪开心地去智慧博物馆了。请问：聪聪这天放学后从学校到智慧博物馆一共走了多少米？

第四节　数字的排列规律

聪聪、明明与智慧爷爷在博物馆进行参观，看到一些古老的邮件、信封、邮票等，三人边看边聊……

明明　聪聪，你快看，这里有很多来自全国各地的信件，这些信件看起来很古老，上面的邮票也是各种各样的，当时的人们就通过这些信件来传递信息，真神奇！

聪聪　那时的交通和通信都不发达，这些信件能帮助他们传递信息。

明明　那这些信件太重要了，一定要准确地投递给他们的亲人才行！我知道信件都是通过邮政编码来进行投递的。

智慧爷爷　是的，我们国家有很多省，省下面又有很多市，市下面还有很多区、县……如果没有邮政编码，想要准确投递信件可不是一件简单的事！

聪聪 智慧爷爷，我有一个疑问，邮政编码是怎么编码的呢？有什么排列组合的规律吗？

知识宝库

排列：指从给定的一组元素中选取若干个元素按照一定的顺序进行排列。例如，甲、乙、丙依次站成一排拍合照，有几种不同的排法？这需要考虑三个人的先后顺序，属于排列问题。

组合：指从给定的一组元素中选取若干个元素进行组合，不考虑元素的顺序。例如，从 10 人中选出 3 人帮助老师完成一项任务，共有多少种不同的选法？这 3 人不需要考虑选中的先后顺序，属于组合问题。

智慧爷爷 好的，我们一起来解决这个问题。

知识小百科

邮政编码

为了实现邮件分拣自动化、邮政网络数位化，加快邮件传递速度，人们发明了邮政编码，也就是根据一定的编码方式，对某一地区代表投递邮件的邮局设置一种专用代号，通常用阿拉伯数字组成。

我国于 1978 年吸取外国经验试行邮政编码，并于 1980 年 7 月 1 日在全国推广。我国邮政编码采用四级六位数编码结构：前两位代表省（自治区、直辖市），第三位代表邮区（一个省划分若干个邮区），第四位代表县（市），最后两位代表投递局（所），四级结构如下图所示：

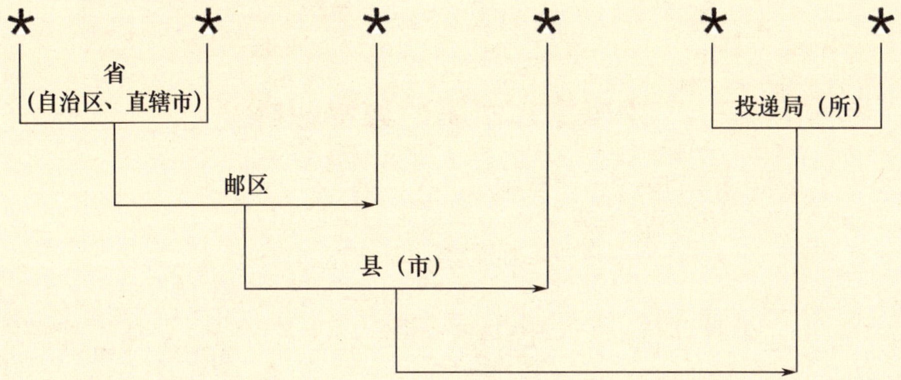

比如，邮政编码“226155”，四级结构代表的意思是：前两位“22”代表江苏省；第三位“6”代表南通邮区；第四位“1”代表海门区邮局；最后两位“55”代表东兴邮政支局，所以整个邮政编码代表的是江苏省南通市海门区东兴邮政支局。

小朋友，你知道你家的邮政编码是多少吗？有兴趣的小朋友去查一下吧。

明明　数字可真神奇，还能代表不同的信息！

聪聪　智慧爷爷，看到这里，我突然有个疑问，邮政编码就像密码一样，我国古代有什么密码吗？

智慧爷爷 很好的问题，我国是世界上最早使用密码的国家之一，有文字考证的历史可以追溯到周朝，让我们一起了解下吧。

传统文化宝库

中国古代密码的有趣故事

1. 姜子牙利用鱼竿传军机

相传，姜子牙将鱼竿制成不同长短的数节，不同的长度代表不同的含义，用于传递军事机密：最长的 1 尺长，代表战争取得大胜；9 寸代表破阵擒将；5 寸代表请粮益兵；最短的有 3 寸，代表失利亡土。

这种加密技术不使用文字，只需要传递信息的双方明白其中的含义，即使鱼竿被截获也不会泄密，缺点是传递的信息有限，而且如果传递者在传递途中出错，会导致严重后果。

2. 虎符对军队的调动

在春秋战国时期，有用青铜制成的虎符，虎符上有铭文，注明了所属权。虎符坚固、短小，不易被发现。但虎符丢失

或被盗也意味着权利的丢失，历史典故“窃符救赵”就是对这一加密技术缺点的最好说明。当时，动用50人以上的军队都要出示虎符，但遇到紧急事件，虎符的级别是低于烽火的，烽火台燃起狼烟，可以直接动兵。

3. 五言律诗密钥加密法

北宋时期的《武经总要》中记录了我国最早的军事密码本。在军队发兵前，将战场上经常出现的40种战斗情况编成序号，如1请弓、2请箭、3请刀……

指挥部门与战斗部门约定一首没有重复文字的五言律诗，将其中的每个字和这40种情况一一对应，对应顺序随机排列，前线负责战斗的将领会将对应关系烂熟于心，在战斗过程中，只需几个字就能传递大量的信息。这种加密方法，敌人是非常难破译的，五言律诗在其中起到的是密钥的作用。

4. 袖里吞金

在古代，除了在军事领域运用到了密码技术，在工商业中也出现了密码，用来对商业秘密进行保护。如在银票、汇票上的秘密文字，晋商在交换买卖价格时使用的“袖里吞金”算术等都是民间实用的加密技术。

明明 古人可真聪明，不但能用鱼竿、虎符等传递信息，还能用诗句里的字传递信息。

聪聪 智慧爷爷，我突然想起来，我们每个人的公民身份号码也是一串数字，这里面应该也有特殊的含义吧？

智慧爷爷 没错，公民身份号码也有一定的含义，每个人的公民身份号码中隐藏着出生地、年龄、性别等信息呢。

明明 智慧爷爷，快给我们讲讲吧。

知识小百科

公民身份号码

中华人民共和国居民身份证是国家法定证明公民个人身份的有效证件，公民身份号码一共有 18 位数字（有的会含有字母X），由地址码、出生日期码、顺序码、校验码组成。

• 地址码

公民身份号码的前 6 位数字，为编码对象常住户口所在县（市、旗、区）的行政区划代码。

• 出生日期码

公民身份号码的第 7 ～ 14 位，表示编码对象出生的年、月、日。如 2001 年 04 月 18 日出生，就用 20010418 表示。

• 顺序码

公民身份号码的第 15 ～ 17 位，是同一地址码所标识的区域范围内，对同年、同月、同日出生的人编定的顺序号，顺序码的奇数分配给男性，偶数分配给女性。

• 校验码

公民身份号码的第 18 位，是作为尾号的校验码，由号码编制单位根据前面 17 位数字按统一的公式计算出来，如果计算的结果是 10，会用X表示。

聪聪 今天我总算搞明白公民身份号码代表的含义了，我能马上背出我的公民身份号码啦！

智慧爷爷 是的，公民身份号码是每个中国公民的身份证明，办理很多事务都需要证明身份，如户口登记、入学、办理申请出境手续等，这时可以出示居民身份证。

明明 太方便了！智慧爷爷，我忽然想到，快递单上也有一串数字，这些数字肯定也代表着这个快递的信息，是它的“身份证明”！

智慧爷爷 明明很会举一反三！不错，生活中有很多物品，我们通过对数字进行编码、标记，制作属于它们的独一无二的“身份证明”，能帮助我们更方便、准确地查询相关信息！

明明 数字在我们的生活中有这么多的用处，回去之后我一定要认真观察！

小试牛刀

1. 小丽是第二实验小学三年级四班的 7 号运动员，她的号码是 23407。小亮是第一实验小学五年级三班的 22 号运动员，他的号码是 15322。

（1）小红的号码是24611，根据这个号码，你能知道什么信息？

（2）第三实验小学的张梅是二年级五班的8号运动员，请你写出她的号码。

2. 王刚的出生日期是2008年12月3日，你能把他的公民身份号码补充完整吗？

3	4	0	1	0	3									×	×	7	9

3. 小欣家住在常青花园A座2单元6层6号，编号是A-2-606。李丽家也住在常青花园，编号是B-3-1608，她家住在（　　）座（　　）单元（　　）层（　　）号。

第五节 平面图形的应用

智慧爷爷带着聪聪、明明外出研学，研学途中，他们来到了建筑博物馆。

明明　建筑博物馆里的建筑可真是丰富多样啊！智慧爷爷，通过您的讲解，我又学到了好多课本中没有的知识！

聪聪　原来数学中有这么多的奥秘！可真有意思！

智慧爷爷　哈哈，你们两个小机灵鬼，数学确实是一门博大精深的学科，同时数学也与我们的日常生活息息相关！生活中处处都有数学，你们要学会发现生活中的数学！

聪聪　是吗？最近，我们在学校里刚刚认识了长方形、正方形等平面图形。明明，我来考考你，你能找出生活中的平面图形吗？

明明 还想难倒我？这文化长廊上展示的图片中的建筑就包含了很多平面图形元素！我知道这幅图是毗邻拙政园和狮子林的苏州博物馆，它的外观上就有许多平面图形！

知识宝库

平面图形

1．长方形

特征：对边相等，四个角都是直角，有两条对称轴；

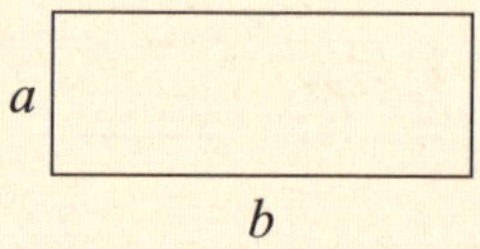

计算公式：$C=2(a+b)$，$S=ab$。

2．正方形

特征：四条边都相等，四个角都是直角，有四条对称轴；

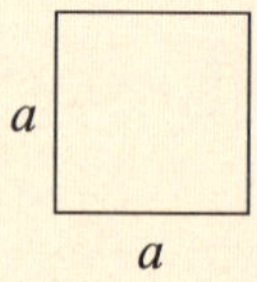

计算公式：$C=4a$，$S=a^2$。

3．三角形

特征：由三条线段围成的图形，内角和是180°，三角形具有稳定性，三角形有三条高；

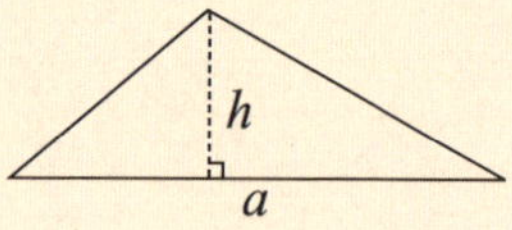

计算公式：$S=\frac{1}{2}ah$。

分类：

按角分：锐角三角形——三个角都是锐角（小于90°），直角三角形——有一个角是直角（90°），钝角三角形——有一个角是钝角（大于 90°）；

按边分：不等边三角形——三条边长度均不相同；等腰三角形——有两条边长度相同，两个底角相同，有一条对称轴；等边三角形——三条边长度相同，有三条对称轴。

4. 平行四边形

特征：两组对边分别平行的四边形，相对的边平行且相等，对角相等，相邻的两个角的度数之和为 180°，平行四边形易变形；

计算公式：$S=ah$。

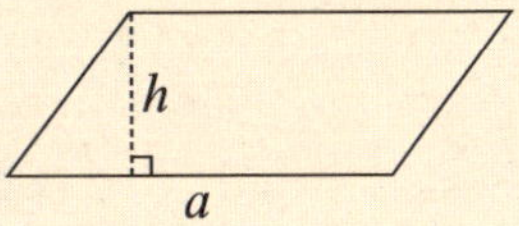

聪聪　这栋水墨建筑里出现了三角形、正方形、长方形、平行四边形……有好多平面图形啊！

智慧爷爷　你们找得不错！这幅图片里的建筑就是苏州博物馆，是由贝聿铭设计的，贝聿铭把对几何的热爱表现得淋漓尽致。他追求精致的造型，通过近乎完美的几何构图，将复杂的设计返璞归真，用看似简单却精心构思的形式体现自己的思想。

聪聪　哇！竟然能运用我们认识的平面图形设计出这么好看、宏伟的建筑！太巧妙、太壮观了！

智慧爷爷　这是现代建筑，你们俩谁能找找我国传统建筑中运用的平面图形？

聪聪 快看，这幅天坛公园里祈年殿的图片上也有很多平面图形呢！

明明 有圆、长方形等形状！

传统文化宝库

我国古代建筑的特点

我国古代建筑是中国文化的重要组成部分，历经千年的演变，形成了独特的建筑风格和艺术特色。在古代，我们认为日、月等天体都在周而复始、永无休止地运动，好似一个闭合的圆周无始无终；而大地却静悄悄地承载着我们，恰如一个方形的物体静止稳定，便有了“天圆地方”的说法。

我国古代建筑以“间”为单位构成单座建筑，以单座建筑组成庭院，再以庭院组成各种形式的组群，如北京天坛公园中就有祈谷坛建筑群，包括祈年殿、祈年门、皇乾殿等不同建筑。就单体建筑而言，以长方形最为常见，此外，还有圆、正方形、十字形等平面图形。

对称美是中国古代建筑的重要特征之一，也是中国文化的体现。比如，摊开故宫的地图，能够发现它的形状是一个极其规整的长方形，三宫六院都是对称分布的，雕梁画栋，华丽而精致。对称美不仅是我国古代建筑的重要特征，也体现了我国文化的精髓。我国文化注重和谐、平衡、中庸，对称美正是这种文化精神的体现。

古典园林与我国古典诗词、绘画、音乐一样，重在写意，所以我国古典园林有写意山水园之称。比如，在苏州园林里常见圆、八边形、方形等不同的门洞，它们的设计也大有深意！中式景观讲究曲径通幽、一步一景，月洞门、窗棂的视觉位置不同，框中的风景均随之产生微妙的变化，门洞之外，风景跃然，别有洞天。

聪聪、明明 智慧爷爷，我国的古代建筑真是太美了！

智慧爷爷 是的，我国古代建筑含有丰富的数学元素，平面、立体图形贯穿其中。除了古代建筑，我们身边还有哪些平面图形的应用呢？

明明 路上的道路交通标志好像是我们学过的长方形。

聪聪 确实是长方形的，看来平面图形真是无处不在！

智慧爷爷 你们真是善于观察的孩子，没错，我国很多道路交通标志的形状都是你们学过的平面图形。但是不同的道路交通标志，形状是不同的，你们知道有什么不同吗？

知识小百科

道路交通标志中的平面图形

我国道路交通标志以常见的平面图形作为设计框架，添加上不同的符号和文字表示不同的含义，指示人们在道路上有规则地行驶。

在指示标志中，有我们常见的圆、正方形和长方形，而且一般是蓝色底色、白色图形字符，是指示道路使用者应遵循的标志。

指示标志

警告标志的形状通常是正等边三角形，一般是黄色底色、黑色图形字符，是警告道路使用者注意道路、交通的标志。

警告标志

禁令标志的形状通常为圆，个别为正八边形或倒等边三角形，一般是白色底色、黑色图形字符，是禁止或者限制道路使用者交通行为的标志。

禁令标志

禁止直行和向左转弯

解除禁止超车

禁止向右转弯

禁止直行和向右转弯

禁止车辆停放

禁止车辆长时停放

禁止向左和向右转弯

禁止超车

禁止鸣喇叭

限制宽度

减速让行

限制高度

还有一些辅助标志，形状是长方形或正方形，一般是白色底色、黑色图形字符。

辅助标志

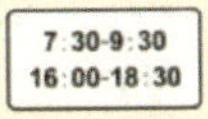

时间范围

机动车

货车

向前200m

明明　这么神奇，原来图形在生活中有这么多应用，看懂道路交通标志，就能注意安全了。

智慧爷爷　仔细观察，就会发现生活中处处有图形。

小试牛刀

1. 数三角形。

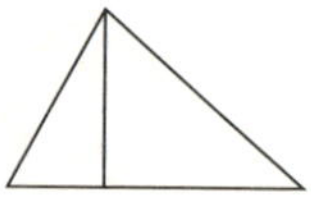

有（ ）个三角形

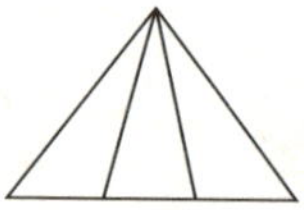

有（ ）个三角形

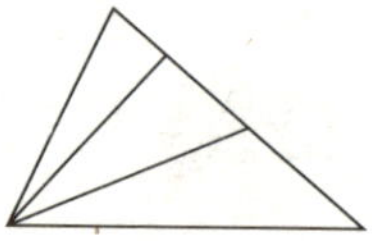

有（ ）个三角形

2. 数长方形。

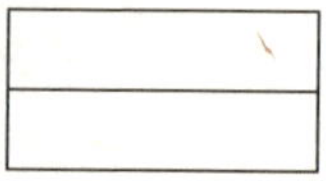

有（ ）个长方形

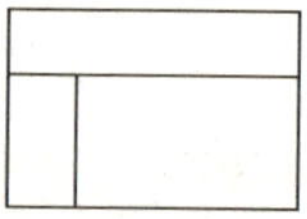

有（ ）个长方形

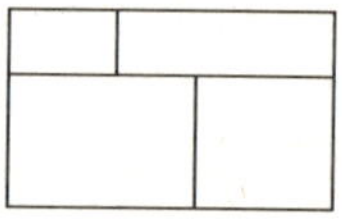

有（ ）个长方形

3. 数一数含有小动物的正方形的个数。

(1)

（ ）个

(2)

（ ）个

(3)

（ ）个

第六节　分数的秘密

明明　聪聪，我们曾经了解过算筹，是吗？

聪聪　是的，在一年级学习计算工具的时候，我们曾了解过。

温故而知新

算　筹

算筹实际上是一根根同样长短和粗细的小棍子，每根小棍子的长度一般为 13 ～ 14 厘米，小棍子的径粗为 0.2 ～ 0.3 厘米，这些小棍子大多用竹子制成，也有用木头、兽骨、象牙、金属等材料制成的。算筹又称为筹、策、算子等，古人常将算筹放在一个布袋里，系在腰部随身携带，需要计数时，就把它们取出来摆弄。

算筹计数有纵式与横式两种方式。在纵式中，表示 1 ～ 5 的时候，竖放的每根算筹都代表 1，比如 5 的表示方法就是竖放 5 根算筹，而 6 ～ 9 则用横放的 1 根代表 5，余下的算筹纵放在它下面，比如 7 的表示方法就是在 1 根横放的算筹下边再竖放 2 根算筹。横式则与纵式摆放方式相反。1 ～ 9 纵式与横式算筹的摆放方式如下图所示：

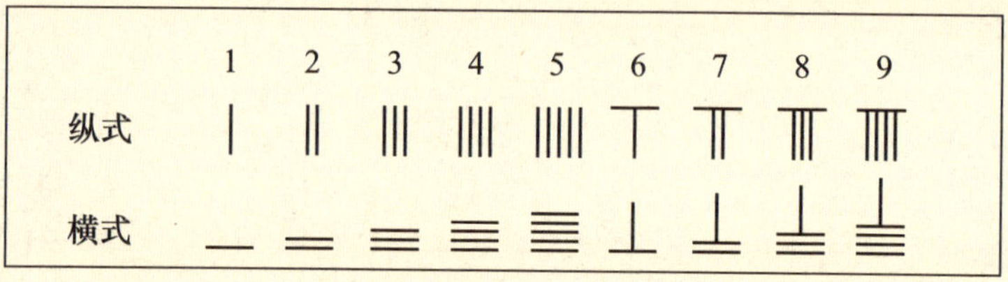

1 ～ 9 可以只用横式或竖式辨别，但是表示多位数的话，就体现出纵式与横式两种摆放方式的优势。在表示多位数时，个位用纵式，十位用横式，百位用纵式……以此类推，有零时，用空位表示。

明明 奇怪，下面这个算筹的摆放怎么跟我了解的不一样呢？我没有看懂这是什么意思。

聪聪 这个算筹表示的是分数，上面有 2 根算筹，下面有 5 根算筹，表示$\frac{2}{5}$，由于人们对分数的认识还不够，所以当时表示分数时没有分数线。

知识宝库

分　　数

1. 分数的意义

把单位“1”平均分成若干份，表示这样的一份或几份的数叫作分数。

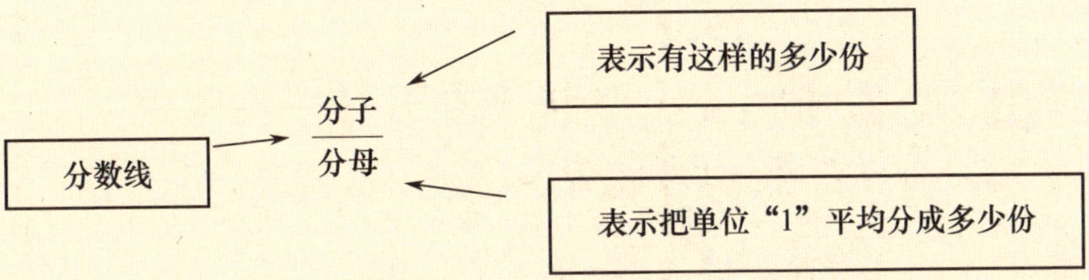

把单位“1”平均分成若干份，表示其中的一份的数，叫作分数单位。

例如：$\frac{3}{4}$就是把整体（单位“1”）分成 4 等份，取出其中的 3 份，分数单位是$\frac{1}{4}$。

2. 比较分数的大小

（1）分母相同的分数，分子大的那个分数就大，如$\frac{3}{4}>\frac{1}{4}$；

（2）分子相同的分数，分母小的那个分数就大，如$\frac{3}{7}<\frac{3}{4}$。

3. 分数和除法的关系及分数的基本性质

（1）除法是一种运算，有运算符号，而分数是一种数，因此，一般应叙述为被除数相当于分子，而不能说被除数就是分子；

（2）由于分数和除法有密切关系，根据除法中“商不变”的性质可得出分数的基本性质：分数的分子和分母都乘或者除以相同的数（0除外），分数的大小不变，这是约分与通分的根据。

明明 原来如此，那分数岂不是在我国很早就出现了？聪聪，你了解我国古代分数的产生与发展吗？

聪聪 我也不是很了解，智慧爷爷，您能给我们介绍一下吗？

智慧爷爷 好的，让我们一起穿越时空，来了解一下吧。

传统文化宝库

我国古代分数的产生与发展

中国是较早使用分数的国家，公元前12世纪的殷商时期，就有了分数。当时铜器上的篆刻铭文中出现了“半斗”“四分”等符号，说明在分物的过程中，自然数不能解决问题时，“一半”等概念就随着分物而产生了。

当时也用分数来划分城池的大小，比如在《左传》一书中记载，春秋时期，诸侯的城池，最大不能超过周国的三分之一，中等的不能超过周国的五分之一，小的不能超过周国的九分之一。秦始皇时期，拟定了一年的天数为三百六十五又四分之一天。

当时的分数读法跟我们现代的读法也很像，《算数书》中记载："二千一十六分之百六十二，约之百一十二分之九。"从中可以发现当时已有约分的概念，分数的表达中出现了"之"，与目前我国的分数读法几乎一致。

关于古代实际生活中的分数应用，还有这样一个故事：老人生前有十一匹马，他有三个儿子。老人死后立下遗嘱：将十一匹马分给三个儿子。老大得总数的二分之一，老二得总数的四分之一，老三得总数的六分之一，分时不许杀马。

如果让你来分怎么分呢？后来，他们的邻居是这样来分的：他将自己的1匹马借给三兄弟，使之成为12匹马，然后按$\frac{1}{2}$、$\frac{1}{4}$、$\frac{1}{6}$的比例分配，每人分得6、3、2匹马，余下的1匹马则由邻居牵回。

分数的由来

3000多年前，古埃及为了在不能分得整数的情况下表示数，用特殊符号表示分子为1的分数。后来，印度出现了与我国相似的分数表示法。再后来，阿拉伯人发明了分数线，今天分数的表示法就是由此来的。

小试牛刀

1. 请小朋友用小木棍代替算筹，用算筹计数法表示出数字 9 和 6724。

2. 小朋友们一共折了 30 只千纸鹤，其中红红折了总数的$\frac{2}{5}$，丽丽折了总数的$\frac{2}{6}$，她俩谁折得多？折得多的小朋友多折了多少只？

第七节　东西南北的秘密

今天的数学课堂真有意思，聪聪、明明学习了东西南北，知道了太阳从东方升起，还知道了地图中有上北下南、左西右东的秘密，对祖国的版图有了进一步了解。他们迫不及待地来到智慧博物馆，想跟智慧爷爷分享今日所学……

聪聪　智慧爷爷，今天，我们学习了东西南北，我会辨别方向了，也会看地图了，以后再也不会迷路了。

知识宝库

东西南北

1. 东与西相对，南与北相对。

东→南→西→北，是按顺时针方向转的。

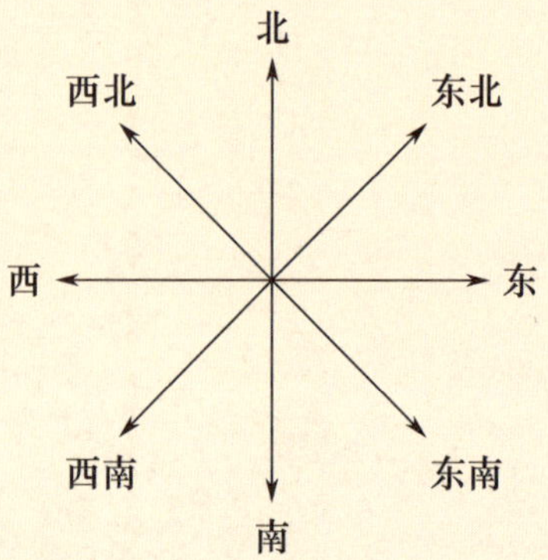

2. 地图通常是按上北下南、左西右东绘制的。

3. 生活中的方位知识。

（1）早上起床后，面向太阳，前面是东，后面是西，左边是北，右边是南；傍晚时，面向太阳，前面是西，后面是东，左边是南，右边是北；晚上时，面向北极星，前面是北，后面是南，左边是西，右边是东。

（2）我们通常用指南针来辨别方向，指南针是我国古代四大发明之一；生活中，白天可以用太阳辨别方向，夜晚可以用北极星辨别方向；春天来了，燕子从南方飞往北方，秋天来了，大雁从北方飞往南方过冬。

（3）风从哪边刮过来，哪边就是风向；影子的方向与太阳的方向相反。

智慧爷爷　恭喜你们又学到了有用的知识。

明明　我们国家还有北斗卫星导航系统，利用手机定位岂不是更方便了。

北斗卫星导航系统

北斗卫星导航系统（简称 BDS）是我国自行研制的全球卫星导航系统，与美国 GPS、俄罗斯 GLONASS、欧盟 Galileo 一起被称为全球四大卫星导航系统。

聪聪 在古代，没有这些高科技和地图的时候，人们是怎么辨别方向的呢？智慧爷爷，您能给我们讲讲吗？

传统文化宝库

指南针的形成过程

在很久之前，古人利用天文学方法进行定位，辨别方向只能依靠太阳、月亮、星星，一旦到了茫茫大海和茂密森林，或者遇上阴雨天就没办法了。

指南车的出现解决了辨别方向的问题，它是中国古代指示方向的一种车辆，也作为帝王的仪仗车辆使用。它与指南针利用地磁效应不同，它不用磁性。指南车是将木人装在车上，在齿轮的合力配合下，无论车怎样转动，车上的木人都会指向南方。

由于指南车的操作繁杂，还会有损耗，后来，人们发现磁铁可以指南，就把磁铁磨成了勺状，放在刻有天干地支和八卦的光圆的铜盘上，轻轻转动勺把，勺子就会指向南方，这就是辨别方向的新工具——司南。

司南的出现改变了人们利用天文定向，而是利用磁学原理，人们能够在任何天气条件下迅速辨别方向，这具有重要历史意义。

时间久了，人们发现司南不但不易携带，还容易磕碰、磨损。指南针是在一段很漫长的时期，经过不断改进后出现的，在不同时期有不同的形式。

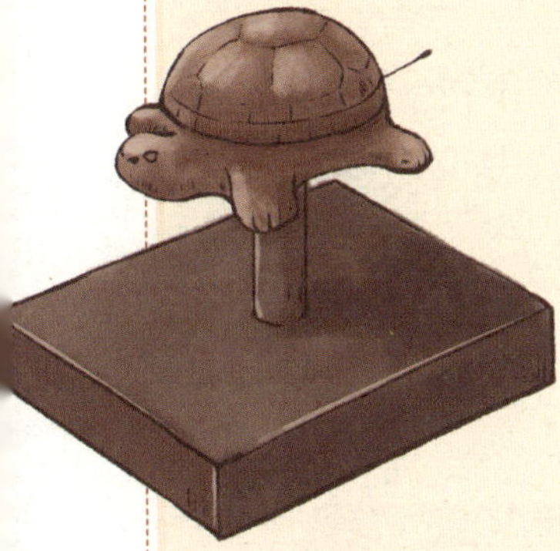

到了宋朝，人们开始用磁石摩擦钢针并将其穿在烛芯上，放在水中，这也可以指南，甚至人们还发明了指南鱼、指南龟等各种指南的工具。

后来，出现了用来导航的指南针，那就是罗盘，指南针传到了欧洲，为欧洲航海家航行和地理发现提供了帮助。

到了现代，出现了各种各样的电子指南针。智能手机中普遍有这个软件，它是利用地磁场来确定北极的，应用到手机上，就是电子指南针。虽然现在卫星定位系统很发达，但是由于其信号常受地形影

响，导致定位精度大大降低，有些地方甚至不能使用，这时电子指南针就有了很大用途。

聪聪 有了指南针，人们再也不会迷失方向了，今天的收获可真多，我不仅学习了东西南北，还了解了指南针。

智慧爷爷 人们为了更好地利用自然资源，过上更舒适的生活，对东西南北进行了很多研究。其实，我国建筑学中也隐藏着东西南北的秘密。

明明 好神奇啊，智慧爷爷，您给我们讲讲吧。

知识小百科

坐北朝南的学问

在建筑学中，住宅通常是坐北朝南的。这样的房子能做到冬暖夏凉，合理利用自然资源。

坐北朝南，简单理解就是客厅的迎光面是朝向南方的，这样设计的房屋可以最大限度地接收阳光，通风效果也很好。这样设计的原因和中国所处的地理位置有关，中国处在北半球，而大部分陆地区域也都在北回归线以北，由于地球公转的原因，我们在夏天看到的太阳是从东北方向升起，西北方向落下的，所以坐北朝南的房子，到了夏天就不会被烈日直射，而到了冬天，我们看到的太阳就变成了从东南方向升起，西南方向落下，这时候坐北朝南的房子就能采集到更多的阳光，屋里更温暖。

另外，我国大部分地区属于季风性气候，夏季多东南风，冬天多西北风，所以窗户通常留在南面，可以夏季纳凉，冬季御寒。

聪聪、明明 原来数学在生活中的应用有这么多啊，我们一定要学好数学，以后发明更多有用的东西。

小试牛刀

1. 选择用“东、西、南、北”填空。

（1）早晨上学，芳芳出家门，太阳在背后，家的大门对着（　　）方；

（2）早上，芳芳坐公共汽车上学，她看到太阳在她的右边，公共汽车开向（　　）方；

（3）到了十字路口，公共汽车右转弯，公共汽车开向（　　）方；

（4）转弯后，芳芳看到路的左边是医院的大门，医院对着（　　）方；

（5）医院的对面是公园大门，公园对着（　　）方。

2. 看路线填空。

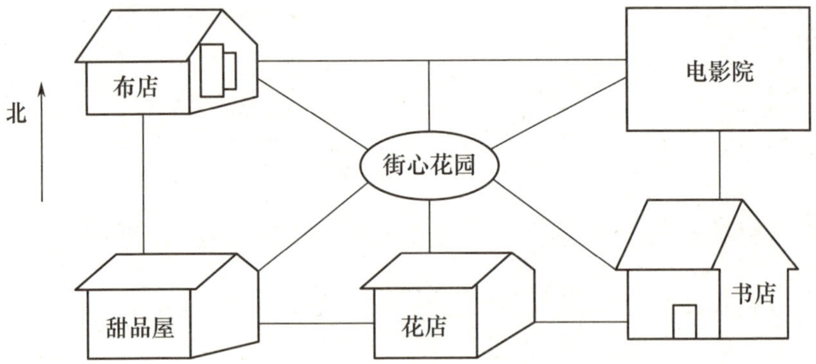

上图中，红红从甜品屋出发到电影院，她可以有下面几种走法，请把红红的行走路线填写完整。

（1）从甜品屋出发，向北走到（　　），再向（　　）走到电影院；

（2）从甜品屋出发，向（　　）走到街心花园，再向（　　）走到电影院；

（3）从甜品屋出发，向（　　）走到花店，再向（　　）走到书店，最后向北走到电影院。

第八节　古代面积计量单位

数学课上，聪聪、明明学习了如何计算图形的面积，放学后，他们迫不及待要运用所学知识算一算花坛的面积。

智慧爷爷 聪聪、明明，你们在干什么？

聪聪 今天，我们又学到了一个有用的数学知识，计算长方形和正方形的面积，我们发现社区里的花坛是长方形的，我们想算一算它的面积。

知识宝库

长度与面积

1. 周长与面积的概念

• 周长：封闭图形一周的长度，叫作它的周长；

• 面积：物体表面或封闭图形的大小，叫作它的面积。

2. 常用单位

• 常用长度单位：千米、米、分米、厘米、毫米；

• 常用面积单位：平方米、平方分米、平方厘米。

3. 单位换算

• 长度单位：

1 米 =10 分米，1 分米 =10 厘米，1 厘米 =10 毫米，

1 米 =100 厘米，1 千米 =1000 米

• 面积：

1 平方米 =100 平方分米，1 平方分米 =100 平方厘米，

1 平方米 =10000 平方厘米

4. 周长和面积公式

• 长方形：

周长 =（长 + 宽）×2，面积 = 长 × 宽

长 = 周长 ÷ 2 − 宽，长 = 面积 ÷ 宽

宽 = 周长 ÷ 2 − 长，宽 = 面积 ÷ 长

• 正方形：

周长 = 边长 × 4，面积 = 边长 × 边长

边长 = 周长 ÷ 4，边长 = 面积 ÷ 边长

智慧爷爷 你们真是爱思考、爱实践的孩子。现在有一个花坛，长 3 米，宽 1 米 20 厘米，它的面积是多少呢？

聪聪 我们可以分开计算，把宽分成 1 米和 20 厘米，也就是先把原来的大花坛分成两个小花坛，再分别计算面积就可以了。

明明 好的，让我来算一算。

第一步：算宽 1 米，长 3 米的小花坛面积。宽 1 米也就是 100 厘米，长 3 米是 300 厘米，面积是

$$300\times100=30000\text{（平方厘米）}$$

第二步：算宽 20 厘米，长 3 米的小花坛面积。长 3 米是 300 厘米，面积是

$$300\times20=6000\text{（平方厘米）}$$

第三步：两个小花坛的面积相加就是长 3 米，宽 1 米 20 厘米的花坛面积，为

$$30000+6000=36000\text{（平方厘米）}$$

算出来了，花坛的面积是 36000 平方厘米！

聪聪　哇，这个花坛可真大。

智慧爷爷　你们真棒。孩子们，你们知道吗？其实，在古代是没有这些面积单位的，但是聪明智慧的祖先建立了自己的面积单位，而且为了方便计量，他们有独特的计算面积的方法。

聪聪　真的吗？智慧爷爷，您给我们讲讲古代计量面积的单位吧。

传统文化宝库

古代面积计量单位

在很久以前，古人没有固定的尺子来测量长度，他们想到一个办法，用身体的一部分来作长度单位，在丈量土地的时候，经常用走的步数来计量长度。

在 2000 多年前，我国劳动人民是这样计算土地面积的，当

时主要用“亩”作单位，“亩”字起源于“井田制”。历史上，古人利用步数来丈量亩，规定百步为亩，则宽1步，长100步的土地就是1亩。

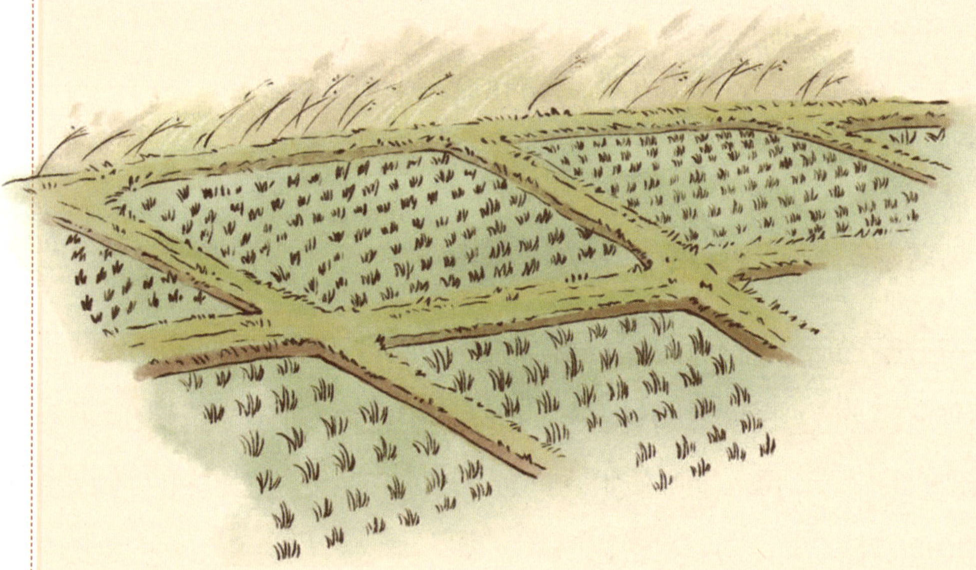

后来，随着社会的发展，“井田制”被废除，面积单位“亩”却被沿用，但在不同时期，1亩的定义是不同的。现在，亩已经不是我国法定的面积单位，但流传的与亩相关的俗语还会经常用到，如一亩三分地。

此外，古代还出现过其他的面积单位，如古代城墙的面积单位有“雉”“堵”“板”。“雉”是古代测量都城、宫室面积的专用单位，在《礼记·坊记》中有记载：“都城不过百雉”。

面积单位"板"则来自古代筑墙的方法。古代筑墙，把有一定长度和宽度的木板用绳子束紧，填上土，再夯实。所以"板"也被当作面积单位，一板一板的墙土从下往上摞，摞到一定高度就为一"堵"墙。据有关史料记载，一板高二尺，长一丈，五板为一堵，而三堵为一雉。

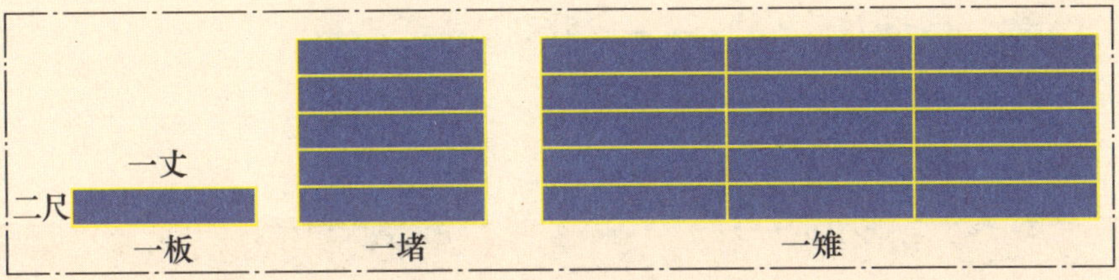

"一板一堵一雉"大小比较

智慧爷爷　看到这里，聪聪、明明，你们能快速计算出一雉的长度和高度吗？

明明　嗯……五板为一堵，三堵为一雉……我算不清了，聪聪，你来算算吧。

聪聪 一板是长一丈，高二尺；五板就是长一丈，高十尺，十尺等于一丈，所以五板就是长一丈，高一丈，即一堵是长一丈，高一丈，三堵就是长三丈，高一丈。

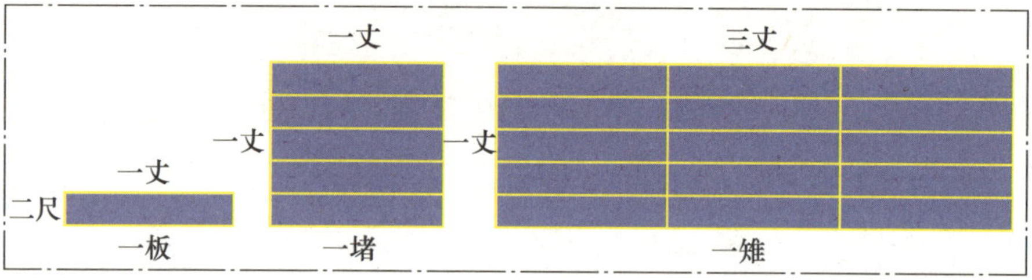

智慧爷爷 正确，聪聪真是个擅于计算的孩子，明明可要加油了。现在，“板”“雉”这两个面积单位早已被废弃，但是这种筑墙方法在我国的一些北方农村还在沿用，“堵”作为民间惯用单位也被保留下来。

明明 谢谢智慧爷爷，我明白了。

“一亩三分地”的故事

“民之大事在农”，我国自古以来以农立国，各朝各代都非常重视农事，与之相关的礼仪也非常多，先农坛就是为祭祀先农诸神而产生的。北京先农坛是明清两代皇帝祭祀先农并举行亲耕土地典礼的地方，作为重要的祭祀场所，北京先农坛自明永乐十八年至今，已经历 600 多年的风雨。明成祖朱棣迁都北京以后，坛庙建制“悉如南京旧制”，在京城中轴线南端，东建天坛，西建先农坛。他规定，历朝皇帝登基之初须行耕耤礼，即皇帝要亲自耕种土地，这块土地就在先农坛，面积正好是一亩三分，这就是俗语“一亩三分地”的由来，推广至今有管好自己的小地盘之意。

小试牛刀

1. 计算下面各图形的周长和面积（单位：厘米）。

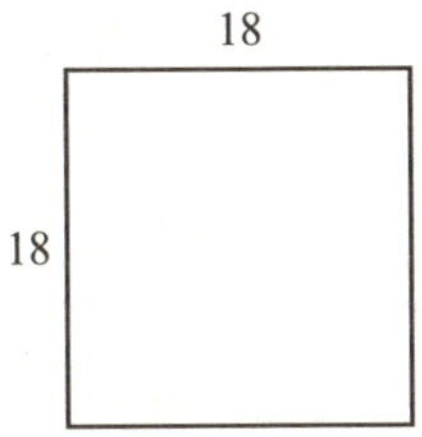

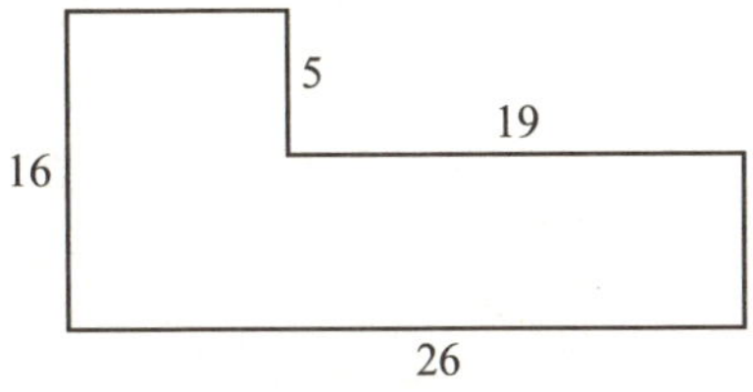

2. 计算下面菜地和果园的面积。

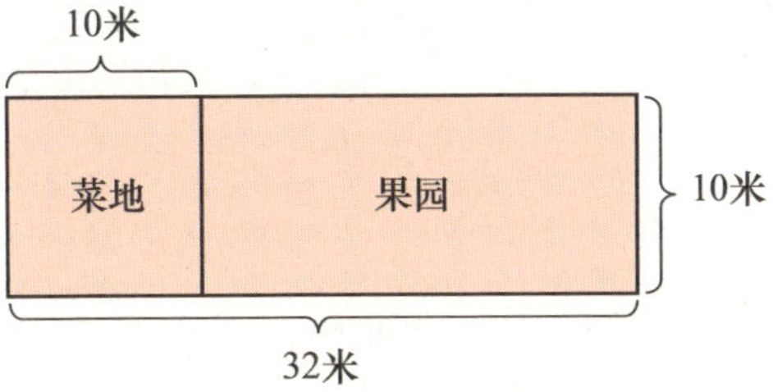

3. 用下图中的长方形纸，剪出一个最大的正方形，剩余的纸面积有多大？

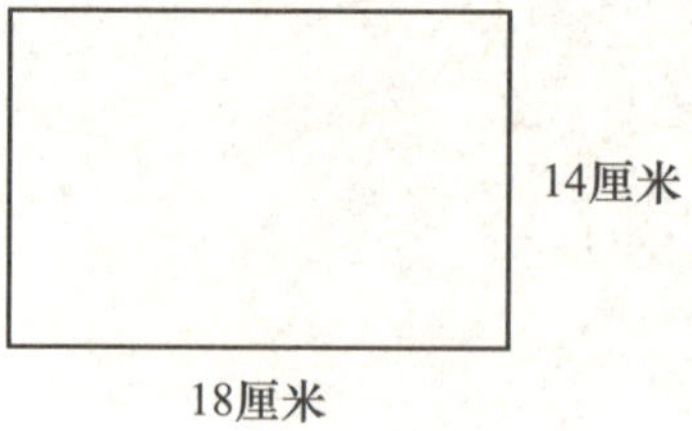

第九节　年、月、日的秘密

明明　这个就是圭表啊！古人就用它来测定时间吗？

聪聪　智慧爷爷，圭表的原理应该是根据不同时刻太阳照射标杆形成的影子的长短来判断时间的吧？

智慧爷爷　说得不错，圭表是测量日影长度的古老仪器，也是中国古代观测天象的仪器。

传统文化宝库

圭表

在历史的长河中，计时学和天文学是相伴发展的，计时仪器和天文仪器一样，是经过漫长的发展历程逐渐精确化的。最古老的计时仪器有圭表和日晷，其原理都是通过太阳的投影和方位计时，一般通称太阳钟。

土圭（guī）被称为最古老的计时仪器，构造十分简单。直立在地上的杆子用以观察太阳光投射的杆影，通过观察、记录它正午时影子的长短变化来确定季节的变化。

之后土圭逐渐发展，也称圭表。通俗地说，垂直于地面的直杆叫“表”，水平放置于地面上（南北方向）的尺叫“圭”。根据正午时测量的表影长度可以推定“二分二至”。

汉代记载，所立的圭表，表高八尺，在太阳光照射下，表的影子会落在圭上，而且不同的时间点，影子的长度也会不同。表的“影子”最长的一天被定为“冬至”，而“影子”最短的一天被定为“夏至”。

圭表的作用很广泛，通过表影，可以测量、比较和标定日影的周年变化，还可以定方向、测时间、求出周年常数、划分季节和制定历法，这是我国古代天文学的主要观测手段之一。

明明 “二分二至”是指二十四节气里的春分、夏至、秋分、冬至吗？

智慧爷爷 不错，上古时期，掌管天地四时的官吏已使用土圭之法测定“二分二至”，即春分、夏至、秋分、冬至。通过观察圭上出现的影子方位，就可以判断时令。

明明 那在“二分二至”时，这个影子分别有什么样的特征呢？

聪聪 夏至的表影应该是最短的，冬至的表影最长。古人根据表影的长度区分出夏至和冬至，然后再通过平均分确定春分和秋分，从而确定了一年四季。

智慧爷爷 不错。在确定“二分二至”之后，古人在此基础上完善了二十四节气，并且一直沿用至今。它指导着传统农业生产和日常生活，为人们的生产生活做出了非常大的贡献。

二十四节气歌

春雨惊春清谷天，夏满芒夏暑相连。
秋处露秋寒霜降，冬雪雪冬小大寒。
每月两节不变更，最多相差一两天。
上半年来六廿一，下半年是八廿三。

明明 我知道“清明前后，种瓜点豆”，就是说在清明前后，要进行相应的耕种。原来二十四节气是从圭表测定演变来的！

聪聪 是啊，原来我们一直在享受古人的智慧！

智慧爷爷 除了测定时间和节气，圭表也会被用来为帝王挑选都城。比如，有的帝王通过测量结果，将都城定在现在的洛阳。此地春夏秋冬四季交替，风调雨顺，冷暖适中，最适合农业生产且宜居，很多帝王建都于此。

聪聪 我知道周朝就在洛阳建都。

明明 原来古人有这么多讲究啊！圭表竟然还有这么大的作用！

知识宝库

年月日

1. 年分平年与闰年：平年有 365 天，有 52 个星期余 1 天；闰年有 366 天，有 52 个星期余 2 天。

- 通常每 4 年里有 3 个平年，1 个闰年。“四年一闰，百年不闰，四百年又闰”的意思是年份除以 4，能被整除的年份是闰年，但是遇到末尾两位是 00 的年份，能被 400 整除的才是闰年。

2. 一年分为 12 个月（7 大 4 小 1 特殊），每个月分 3 旬，分别是上旬（1—10 日）、中旬（11—20 日）、下旬（21—月末）。

- 7 大：有 31 天的月份是大月，每年有 7 个大月，分别是 1 月、3 月、5 月、7 月、8 月、10 月、12 月；
- 4 小：有 30 天的月份是小月，每年有 4 个小月，分别是 4 月、6 月、9 月、11 月；
- 1 特殊：2 月既不是大月，也不是小月，平年的 2 月有 28 天，闰年的 2 月有 29 天。

3. 一年分为上半年与下半年，一年分为 4 个季度，分别是第一季度、第二季度、第三季度、第四季度。

平年				
月份	1—3 月	4—6 月	7—9 月	10—12 月
季度	第一季度	第二季度	第三季度	第四季度
天数	90	91	92	92
半年	上半年 181 天		下半年 184 天	

（续表）

闰年				
月份	1—3月	4—6月	7—9月	10—12月
季度	第一季度	第二季度	第三季度	第四季度
天数	91	91	92	92
半年	上半年182天		下半年184天	

注意：季度与季节（春季、夏季、秋季和冬季）不同，季节是按照农历节气划分的，季度是根据月份区分的。

4. 一个星期有7天，每个月至少有4个星期日，最多有5个星期日。日期每加7，星期几是相同的，比如6月1日是星期三，那么6月8日是星期三，6月15日也是星期三。

智慧爷爷 聪聪、明明，你们知道什么是公元纪年法吗？

明明 现在是2024年，我们现在用的就是公元纪年法。

聪聪 除了公元纪年法，还有其他计年法吗？

传统文化宝库

各种纪年法

公元元年之前的称公元前。所谓的2024年，就是从公元元年开始算起的第两千零二十四年。

这种纪年法是从西方传来的，我国也有很多纪年法。主要有四种：帝王纪年法、年号纪年法、干支纪年法、年号干支兼用法。

- 帝王纪年法是以帝王在位的年次来纪年。如《左传》中的“三十三年春，秦师过周北门”指鲁僖公三十三年。
- 年号纪年法是我国古代常用的纪年方式。从汉武帝起开始有年号，此后每个皇帝即位都要改年号，并以年号纪年。历史上很多皇帝采用过两个或更多的年号，宋仁宗赵祯用过9个年号，《岳阳楼记》中的“庆历四年春”，“庆历”就是宋仁宗用的一个年号，“四年”指用这个年号的第四年。明代以后，多数皇帝只用一个年号，后人便以年号代称皇帝，如清圣祖爱新觉罗·玄烨在位61年，只用了一个年号“康熙”。

- 干支纪年法，即把十天干和十二地支分别组合起来，每60年为一个周期。近代还常用干支纪年法来表示重大历史事件，如“甲午战争”“戊戌变法”“辛亥革命”。

- 年号干支兼用法指纪年时皇帝年号置前，干支列后。如《梅花岭记》中有“顺治二年乙酉四月”，“顺治”是清世祖爱新觉罗·福临的年号，“乙酉”是干支纪年。

以皇帝的年号命名这种方式作为我国古时一种特殊的文化方式，一直沿用到清朝覆灭。在清朝灭亡之后，以皇帝的年号来命名年份这种方式已不可取。

为了同国际相接轨，1949 年，中国人民政治协商会议第一届全体会议上一致通过中国采用公历纪年法。

六十甲子

天干：甲、乙、丙、丁、戊、己、庚、辛、壬、癸。

地支：子、丑、寅、卯、辰、巳、午、未、申、酉、戌、亥。

十天干和十二地支依次相配：甲子、乙丑、丙寅……一直到癸亥，共得到 60 个组合，称为六十甲子，古人依次作为年、月、日、时的序号，叫“干支纪年法”。

聪聪 虽然我们现在使用的是公历纪年法，但是还有很多纪年法仍在使用，如生肖纪年等。

明明 我们要努力学习，继续了解伟大的中国文化！

智慧爷爷 少年强则国强！你们就是国家的未来，年轻人，加油！

小试牛刀

1. 我会填。

年	___个月，___个季度。平年____天，闰年____天。
月	31 日：____________________各月 30 日：____________________各月 28 日：__________月 29 日：__________月
日	____时
时	____分
分	____秒

2. 小红 16 日下午买回来一盆花。她从晚上 7 点开始第 1 次浇花，然后每隔 12 小时浇一次。小红第 8 次浇花是在几日几时？

3. 2006 年 1 月 1 日是星期日，2006 年共有几个星期日？

第十节　小数的秘密

为了丰富同学们的校园生活，增强大家的体质，学校组织了运动会，运动会上，为了给班级争光，聪聪和明明在努力完成比赛，瞧，他们正在跳远，我们去看看吧。

裁判 跳远成绩，聪聪 1.3 米，明明 1.5 米。

聪聪 这不是我们今天学习的小数吗？1.3 米就是 1 米 30 厘米。

明明 是啊，我跳了 1.5 米，也就是 1 米 50 厘米，看来小数在生活中的应用还真广泛啊。

聪聪 对啊，明明，我们计量体重、长度、时间，当不够整数时，小数就发挥了重要的作用。

知识宝库

小　数

1. 小数的意义：把 1 个整体平均分成 10 份、100 份、1000 份……这样的一份或几份可以用分母是 10、100、1000……的分数来表示，也可以在整数个位的右边，用圆点隔开来表示十分之几、百分之几、千分之几……的数，这样的数叫作小数。小数是分数的另一种表现形式。

例如，把 1 米平均分成 10 份，每份是 1 分米，是 0.1 米，3 份就是 3 分米 =0.3 米；把 1 米平均分成 100 份，每份是 1 厘米，是 0.01 米，7 份就是 7 厘米 =0.07 米。

2. 小数的组成：小数由小数点、整数部分（小数点左边的数）和小数部分（小数点右边的数）组成。

3. 小数的读法：先读整数部分，再读小数点，最后读小数部分。整数部分的读法与整数的读法相同，小数点读作“点”，小数部分要依次读出每个数位上的数字。

4. 比较小数大小的方法：先把小数点对齐，然后从整数部分开始比较，整数部分大这个数就大；如果整数部分相同就比较小数部分，小数部分左起第一位上的数大这个数就大；如果第一位上的数相同，就比较第二位上的数……以此类推，如 3.4>3.33。

5. 列竖式计算小数加、减法的方法：

（1）小数点对齐，也就是相同数位对齐；

（2）按照整数加、减法的计算法则进行计算。要从低位开始算起，位数不够用“0”补齐；

（3）得数的小数点要与横线上的小数点对齐。

6. 小数的基本性质：小数末尾添上 0 或去掉 0，小数的大小不变。例如，3.5=3.50=3.500，8=8.00=8.0000。

明明　古时候也有小数吗？当时的小数和现在的小数表示方法一样吗？

聪聪　明明，你提出了一个很好的问题，我也很想知道，等运动会结束了，我们去请教智慧爷爷吧。

运动会落下了帷幕，聪聪、明明获得了奖状，证明了自己的实力，也为班级争了光。放学后，两人开心地来到了智慧博物馆，想要探究小数的秘密。

聪聪 智慧爷爷，今天，学校举办了运动会，我们获得了奖状，您快看看。

智慧爷爷 孩子们真棒，你们都是德智体美劳全面发展的好孩子。

明明 智慧爷爷，其实我们今天来，还有个问题想请教您。在比赛的时候，我们的跳远成绩分别是 1.3 米和 1.5 米，这是小数，古代也有小数吗？和现在的表示方法一样吗？

传统文化宝库

小数的产生与发展

古时候，人们用一一配对的方法来表示物品的数量。后来，人们发现，有时计量长度、时间等连续的量时，整数是不够用的，于是产生了十进制的小数。

世界上十进制小数的概念，最早是由我国魏晋时期的数学家刘徽提出和使用的，他提出把整数位以下的部分称为微数，而小数的名称是由我国元代数学家朱世杰提出的。13 世纪，我国出现了低一格表示小数的方法。比如 64.12 就表示成

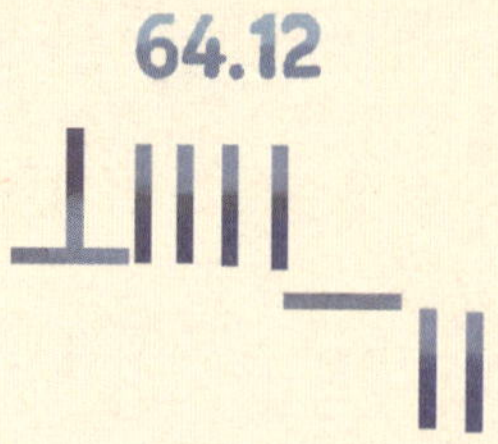

虽然我国对小数的认识远远早于欧洲，但现代数学中所使用的小数表示方法却是从欧洲传入我国的。欧洲关于十进制小数的最大贡献者是荷兰工程师斯蒂文，他从制造利息表中体会到十进制小数的优越性，因此他极力主张把十进制小数引入整个数学运算中去，使十进制小数有效地参与计数，不过斯蒂文的小数记法并不算高明，比如 5.764 记为

5⊙7①6②4③

数后面圈中的数指它前面的数字在小数部分所处的位置，即 7 是小数点后的第一位，6 是小数点后的第二位，4 是小数点后的第三位。这种方法形式复杂，并给运算带来了很大的麻烦。1592 年，瑞士数学家比尔吉对此做出较大改进，他用一个空心小圆圈把整数部分和小数部分隔开，比如 1.3 记为 1○3，这与现代的表示法非常接近了。

大约过了一年，德国数学家克拉维乌斯首先用墨点代替了小圆圈，他在 1608 年将这一作品公之于世，至此，小数的现代记法才被确定下来。

聪聪　谢谢智慧爷爷，原来，一个小数点也有这么久远的历史啊，一代又一代人的发明创造，才有了现在这么简单的小数表示方法。

明明 是啊，古人利用自己的智慧，让生活变得更便捷、舒适，我们也要好好学习，争取创造出更多有用的东西。

数学家刘徽的故事

刘徽是我国魏晋时期伟大的数学家，中国古代数学理论的奠基人。他的《九章算术注》和《海岛算经》是我国宝贵的数学遗产。《九章算术》总结了先秦时期的数学研究成果，涉及分数四则运算法则，赢不足问题解法、线性方程组解法、正负数加减法则等，领先世界几百年，甚至上千年。但是，《九章算术》中的解法比较原始，缺乏必要的证明，刘徽则对此做了补充证明。在这些证明中，显示了他在众多方面的创造性贡献。

刘徽是世界上最早提出十进制小数概念的人，并用十进制小数来表示无理数的立方根。在代数方面，他正确地提出了正负数的概念及加减运算法则，改进了线性方程组的解法。在几何方面，他提出了“割圆术”，即用内接或外切正多边形逼近圆的方法。他利用割圆术科学地求出了圆周率约等于3.1416。他计算了正3072边形的面积并验证了这个值。刘徽提出的计算圆周率的科学方法，奠定了中国圆周率计算在世界上的领先地位。

小试牛刀

1. 我会读，我会写。

（1）27.003 读作（　　）；

（2）60.123 读作（　　）；

（3）四点三二写作（　　）；

（4）一百二十点零八写作（　　）。

2. 我会填。

（1）5 元 2 角 =（　　）元

（2）1.7 米 =（　　）米（　　）分米

（3）20 元 5 角 =（　　）元

（4）5.3 元 =（　　）元（　　）角

3. 我会想。

聪聪家买了一箱苹果，连箱子共重 27.6 千克，吃了一半后，连箱子重 14.1 千克，苹果净重多少千克？箱子重多少千克？

参考答案

第一节

1.

2:30	10:00	8:20
2 时 30 分	10 时	8 时 20 分

2.（1）1，25；（2）1，30；（3）320；（4）195。

3. 2 分 =120 秒，2×58=116（秒）<120 秒，所以能完成。

第二节

1. 略。　　2. 略。

第三节

1.（1）毫米；（2）米；（3）厘米；（4）分米；（5）厘米；（6）米；（7）分米；（8）毫米。

2.（1）90；（2）4；（3）7；（4）8；（5）2000；（6）900。

3. 3×30=90（米），90×2=180（米），8×30=240（米），
180+240=420（米）

答：聪聪这天从学校到智慧博物馆一共走了 420 米。

第四节

1.（1）小红是第二实验小学四年级六班的 11 号运动员；

（2）32508。

2. 20081203。　　3. B，3，16，8。

第五节

1．3，6，6。　　2．3，5，7。　　3．6，5，4。

第六节

1. 𝍰,𝍮𝍦𝍪𝍣。

2. 红红：30÷5=6（只），6×2=12（只）

丽丽：30÷6=5（只），5×2=10（只）

12 ＞ 10

答：红红折得多，多折了 2 只。

第七节

1.（1）西；（2）北；（3）东；（4）南；（5）北。

2.（1）布店，东；（2）东北，东北；（3）东；东。

第八节

1.（1）周长：18×4=72（厘米）

面积：18×18=324（平方厘米）

（2）周长：16+26+11+19+5+7=84（厘米）

面积：16×7+11×19=321（平方厘米）

2. 菜地：10×10=100（平方米）

果园：（32−10）×10=220（平方米）

3. 14×（18−14）=56（平方厘米）

第九节

1.

年	12个月，4个季度。平年365天，闰年366天。
月	31日：1，3，5，7，8，10，12各月 30日：4，6，9，11各月 28日：平年2月 29日：闰年2月
日	24时
时	60分
分	60秒

2. 每隔12小时浇一次花，说明一天浇两次花。

8÷2=4，16+4=20

答：第8次浇花在20日早晨7时。

3. 2006年是平年，有365天。

365÷7=52……1

商52表示52个星期，余1表示12月31日是星期日。52再加上最后一个星期日，共有53个星期日。

第十节

1.（1）二十七点零零三；（2）六十点一二三；（3）4.32；（4）120.08。

2.（1）5.2；（2）1，7；（3）20.5；（4）5，3。

3. 第一步：计算一半苹果的重量，27.6−14.1=13.5（千克）。

第二步：计算苹果的总重量，13.5+13.5=27（千克）。

第三步：计算箱子的重量，27.6−27=0.6（千克）。

答：苹果净重27千克，箱子重0.6千克。